BEAUX-ARTS

LES ARTISTES NORMANDS

AU

SALON DE 1864

PAR

ALFRED DARCEL

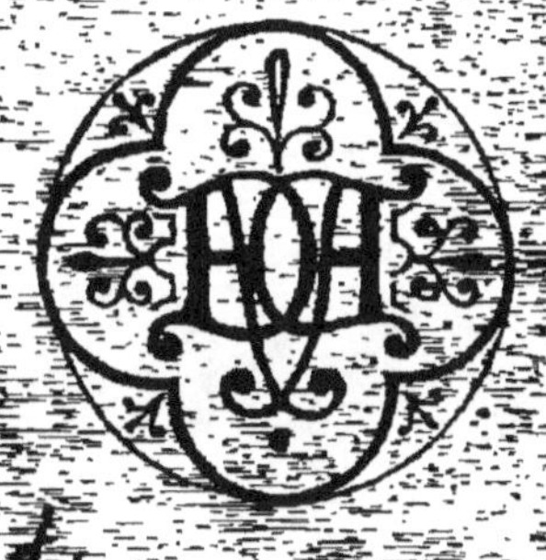

ROUEN
IMPRIMÉ PAR D. BRIÈRE ET FILS
RUE SAINT-LO, N° 7

1864

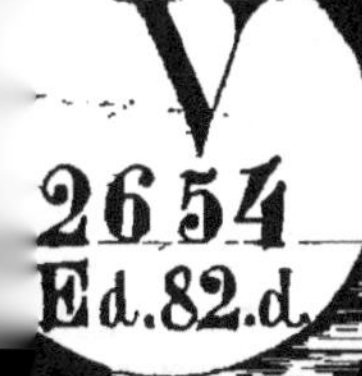

BEAUX-ARTS.

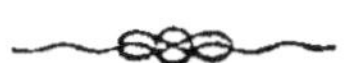

LES ARTISTES NORMANDS

AU

SALON DE 1864.

Peinture.

Maintenant que les expositions deviennent annuelles, on nous permettra de ne point faire précéder d'un préambule cette revue des artistes normands dont les œuvres figuraient au salon qui vient de se fermer. Après l'avoir à peine terminée, ce sera bien assez que de nous remettre encore au travail dans trois mois, lorsque l'exposition municipale de Rouen sera ouverte.

Nous commençons donc, en suivant, comme d'habitude, l'ordre alphabétique. M. Aillaud, de Rouen, n'a guère eu d'autre prétention que de faire figurer sa carte au salon en y envoyant le *Portrait du marquis d'A...* et un *Voltigeur de la Garde Impériale.* Ces deux toiles, très librement, trop librement traitées même, prouvent l'habileté de M. Aillaud. Le portrait équestre du marquis d'A..., en costume de chef d'escadron de l'armée d'Afrique, suivi d'un spahis et lancé au plein ga lop de son cheval, est surtout d'une couleur agréable et lumineuse. Le type du voltigeur de la garde impériale est assez réussi pour que l'empereur l'ait acquis ; mais il nous faut l'an prochain des œuvres plus étudiées et en progrès sur celles de l'an dernier.

Mme Catherine d'Aure, d'Evreux, se livre pour notre malheur à la nature morte. Voici pourquoi nous disons « pour notre malheur ». Lorsqu'un tableau de nature morte est quelque peu remarquable, et il faut qu'il le soit beaucoup pour le paraître un peu, on s'en sert en guise de remplissage, pour assortir ensemble deux toiles qui se nuiraient, étant rapprochées. Lorsqu'il est mauvais, on le pend sous la corniche. Celui de Mme Catherine d'Aure servait de liaison entre deux toiles dont les tons violents hurlaient les uns contre les autres, mais il était perdu loin de son rang de bataille. — Quel assemblage de choses disparates sur une table de marbre rouge des Pyrénées ! Des pommes dans une assiette, une tête d'artichaut, des framboises sur a branche, une cafetière d'argent, des pêches, une cruche a cidre en vieille faïence de Rouen et un potiron pour relever le tout, en avant d'une draperie ! Certaines parties sont habilement traitées, comme la cafetière d'argent ; d'autres sont moins bien ; mais le tout ne pourrait que gagner a une facture un peu plus ferme.

M. Albert de Balleroy, de Lonné, était en décadence l'an dernier sur l'année précédente, et ses tableaux n'étaient pas des meilleurs ; cette année ils sont au-dessous de ce qu'ils étaient l'an dernier, et ils ne sont pas bons. La maladie de M. Manet, la maladie espagnole, l'a pris, et il peint avec des tons crus, noyés dans l'huile, étalés comme de l'aquarelle et sans liaison, mais aussi sans force. On dit que c'est ainsi que peignaient Velasquez et Goya. Tant pis pour ceux qui le disent, car Velasquez est un grand peintre, Goya est un agréable coloriste, mais la *Chasse au sanglier en Espagne* et *le Cerf à l'eau* ne sont ni d'un peintre ni d'un coloriste habiles.

M. Eugène Bellangé nous inquiète, et nous aurions voulu de plus grands progrès chez lui. *Un Soir de Bataille* nous semble supérieur aux tableaux du dernier salon, mais nous n'y voyons point que M. E. Bellangé s'y soit corrigé de certaines vulgarités de dessin et des tons groseille dans les rouges que nous lui avions signalés.

Nous noterons un torse nu de troisième plan, qu'il valait mieux ne pas mettre en scène, plutôt que le dessiner de la façon qu'il l'a fait, et une habitude de modeler les fronts où il fait saillir une double gibbosité qui lui est particulière.

Le Soir d'une Bataille de M. E. Bellangé nous montre le troupier français facilement oublieux de la lutte : humain et généreux pour les vaincus. Que les étrangers en fassent autant de leur côté, nous n'y trouverons rien à redire. Les sentiments de fraternité et d'estime internationale ne pourront même qu'y gagner. Donc nous sommes en Italie, au soir d'une bataille que, tout naturellement, nous avons gagnée. Des Autrichiens gisent sur le terrain, morts ou blessés. Les morts ne crient point comme dans cette narration demeurée célèbre, mais les blessés cessent de faire les morts, puisqu'on ne se bat plus et qu'on dépouille quelque peu ceux qui sont couchés à terre. Les soldats français les secourent. Un zouave donne le bras à un officier que les siens saluent en se soulevant. Parmi eux un officier français ne se relèvera plus de la place où il est tombe Un de ses soldats le regarde avec regret, tenant en main son sabre inutile et désormais triste relique de famille. Les divers épisodes de cette scène, disposés sur un tertre, se composent facilement et s'enlèvent, éclairés par les derniers rayons du jour, sur un ciel d'un gris verdâtre un peu lourd.

Un Intérieur d'Atelier est celui de M. H. Bellangé père, qui est là, assis dans un coin et regardant une estampe que le jour perce et fait voir par transparence. L'effet est bien rendu, la couleur bien distribuée; la composition est d'une couleur agréable et solide, et nous engagerions M. E. Bellangé à suivre parfois la voie que lui montre ce tableau. Pour être fils d'un peintre de batailles, peut-être n'est il pas né peintre de batailles lui-même. Joseph Vernet peignait des marines et des paysages, tandis que Carle, son fils, peignait des chevaux et ne croyait point déchoir.

Un peintre de marine, habitué à la mobilité des flots, ne doit pas s'étonner si les jurys sont changeants. Refusé l'an dernier avec de bons tableaux, M. Berthelemy, de Rouen, est admis cette année avec une des meilleures marines de l'exposition. Sur une mer verte aux longues lames profondes, le *Vauban* plonge son avant, que cache le nuage de fumée noire sorti de sa cheminée. Le grand mât brisé traîne sur son flanc L'équipage travaille sur le pont, qu'éclaire un jour blafard tombant du ciel gris. Peut être l'arrière du vapeur est-il bien long, comparé avec la partie placée à l'avant des roues, qui, peut-être aussi, perd de son importance, la proue étant cachée par la fumée. Mais tout est précis, dessiné avec sûreté et bien dessiné, et d'une coloration très juste, les opacités de la fumée faisant valoir les transparences du ciel et de l'eau.

Un Brick en détresse à Saint-Vaast-la-Hougue est une toile moins importante et d'un effet plus sourd. Nous y louerons surtout l'effet des lames, qui, chassées par le vent ainsi que les nuages, glissent rapides entre les rochers qui garnissent la côte.

Les tableaux d'architecture de M. G. Bouet, de Caen, que nous continuons à trouver d'une couleur trop uniformément blonde, très habilement distribuée du reste, ont le mérite rare d'être dessinés par un archéologue. Les styles y sont affirmés jusque dans leurs moindres détails avec précision et sans sécheresse. Avec un peu plus de solidité dans la couleur, ces intérieurs seraient excellents.

Le Cheval à l'Ecurie, de M. E. Bujon, figure dans une des salles consacrées aux artistes non admis au concours des récompenses. C'est un grand cheval d'un blanc un peu jaune, comme tout ce qui l'entoure, et qui nous semble dessiné plutôt de souvenir que d'après nature. Que M. E. Bujon y prenne garde, sa facilité pourrait le perdre, et nous ne pouvons que lui conseiller d'en revenir à l'étude de la nature, qu'il a toujours un peu trop négligée, emporté qu'il est par la fougue de son organisation.

Ainsi que Paul Delaroche, son maître, M. Cabasson, de Rouen, est poursuivi de l'amour de la propreté. *Saint Louis en prison après la bataille de Mansourah*, alors qu'il avait perdu ses chaussures et qu'il marchait sur ses bas-de-chausses, alors qu'il se couchait sur une natte délabrée, au pied du pilier d'une prison, au beau milieu de ses chevaliers malades de la dyssenterie, n'était point vêtu d'un beau pourpoint de velours grenat immaculé et de chausses vertes irréprochables, ressemblant à du bronze antique : quelque autre désordre devait régner en sa toilette, qu'un soulier non chaussé, la majesté royale dût elle en souffrir. Mais cette majesté devait résider ailleurs que dans le costume chez ce guerrier chrétien, que Joinville, malgré la touchante familiarité du récit, nous montre si grand dans ses revers. Puis pourquoi avoir choisi ce type si peu noble, si grotesque même, qui, avec sa perruque rousse, ressemble trop au célèbre Gringalet de notre enfance, maintenant que l'on sait que ce type est celui du roi Charles V? Si la couleur encore était harmonieuse ! mais elle crie et manque de ressort. A notre avis, M. Cabasson s'est grandement trompé.

Le Chemin des Dunes à Ploumanach, de M. L. Caillou, de Lisieux, n'est point un agréable chemin. Il passe au beau milieu de grands rochers roses, que fait valoir un ciel orageux, qui du jaune passe au vert, puis au noir. Au loin s'étend la mer glacée. Sans un tout petit Breton, qui chemine au pied de ces rocs et leur sert d'échelle de proportion, on ne devinerait guère quelle est leur grandeur, et c'est là un défaut qui provient du point de vue plongeant que le peintre a choisi. L'effet général est trop sourd, les premiers plans ne venant pas assez en avant, défaut que nous avions signalé dans les paysages exposés par M. L. Caillou l'an dernier.

Le Matin sur les bords de la Risle, malgré un ciel très léger, manque aussi de ressort et surtout de ces teintes ambrées qui font le matin. Le ton dominant est le violet. Si la Risle coule à pleins bords entre des rives si solennelles, au milieu de vertes clairières herbeuses qu'abritent de grandes futaies, aucun fleuve classique ne lui peut rien disputer; et c'est là qu'il faut transporter tout le bagage olympique des peintres d'idylles et des paysagistes de style.

M. Eugène Capelle, de Rouen, n'a point été tout-à fait heureux cette année. Il a peint des *Bœufs traversant une lande.* Sur la lande sablonneuse pousse une herbe rare : de gros grès couverts de lichens, qui donnent un peu d'ombre au pied de quelques bouleaux échevelés, l'accidentent seuls. Au fond le terrain est meilleur, et les grands arbres d'une forêt et un coteau ferment l'horizon. Le paysage est bien composé et d'une bonne couleur. Les animaux, qui s'avancent dans la dépression qui occupe le centre de la composition, sont bien dessinés; ils étaient à leur plan, mais il a fallu faire jouer un peu de lumière et d'ombre sur ces landes sans accidents. L'ombre portée d'un nuage a fait l'affaire. Mais il arrive que l'ombre est trop noire, et voila les bœufs qu'elle couvre qui entrent dans la toile au lieu d'en sortir. Le noir et le gris froid, voilà les écueils de M. E. Capelle. Sa palette s'est réchauffée cependant; mais si le noir n'est pas absent de la nature, sa fonction est de faire valoir la lumière et non d'attrister encore un gris déjà assez triste lui-même. M. E. Capelle s'est résigné à vivre au milieu des prairies et des bois; les fonds de son tableau témoignent d'un excellent sentiment de la nature, et nous avons l'espoir qu'une étude persévérante lui révèlera ces secrets du soleil et de l'ombre, qu'il semble ignorer encore.

Si M. Ch. Chaplin, des Andelys, pouvait lui donner, par surcroît, un peu des gaîtés de sa palette. *Les Bulles de Savon*, *les Tourterelles* sont deux charmantes peintures qui représentent deux jeunes filles plus qu'en buste: l'une, en robe de satin blanc et en corsage groseille, souffle des bulles de savon aussi brillantes et aussi irisées que son costume et ses vivantes carnations. L'autre, en robe jaune, le sein demi nu, entouré d'une gaze légère qui ne cache rien, caresse deux tourterelles qui opposent la blancheur de leur plumage à ses chairs brunes et vermillonnées. Ces toiles, si agréables dans les tons blancs et roses, peintes en pleine pâte, rappellent ce qu'il y a de meilleur dans cet art français du dix-huitième siècle, qui était si charmant et si faux sous le pinceau de Lemoine, de Boucher, de Trémollière et de tant d'autres.

Les deux portraits de femme de Mlle Laure de Châtillon, de Chambray-sur-Eure, l'un en buste, l'autre presque en pied, et grands comme nature, sont fort agréablement peints et ajustés, surtout le premier. On pourra reprendre au modelé certaines incertitudes et des duretés qui forment un assez singulier contraste; mais l'arrangement en est habile, cela est bien de son époque, de son année et d'une phase particulière de la mode. Cela est surtout d'une femme.

Le portrait de Mme X..., peint par Mlle F. Chéron, de Mortagne, dans un ton gris blond assez fin et d'une touche un peu fluide, manque de ressort et est par trop négligé dans ses accessoires.

Décidément, M. Coessin de la Fosse, de Lisieux, continue sur sa peinture la réforme qu'il avait commencée l'an dernier. On ne s'aperçoit presque plus, tant elle présente de mollesse dans la touche, qu'il ait suivi jadis le système des empâtements de M. Couture. Néanmoins, dans le portrait de M. C..., simplement posé, assis devant son bureau, nous louerons l'exécution des mains, qui sont fort bien dessinées.

M. Edouard Daliphard, de Rouen, aime la nuit, dont il réveille avec talent les ombres transparentes. Mais peindre toujours la nuit! Dans *la Vue prise à Poissy*, la Seine roule ses ondes noires zébrées de quelques reflets rouges glacés au milieu des saules et au pied d'un escarpement dominé par une haie, en avant de quelques maisons blanches qu'éclaire encore un ciel crépusculaire, jaune à l'horizon, verdâtre au zénith. La lutte entre le jour qui fuit et l'obscurité qui envahit tout est fort habilement rendue, ainsi que dans l'autre toile, représentant *l'Entrée d'un village dans la Campine* (Belgique). Mais que M. Ed. Daliphard apprenne à dessiner et qu'il ne nous montre plus de cavaliers mal bâtis comme celui qui trébuche sur les premiers plans de la route qui pénètre dans son village, et qu'il nous montre, l'an prochain, que son habileté ne redoute point le grand jour.

La nature morte que Mlle L. Darru, du Neubourg, intitule *Citron*, très agréablement peinte dans des tons gris clair, ne se contente pas de nous montrer le fruit acide du pays où fleurit le citronnier. Des huîtres nageant dans leur eau, des bouteilles en nombre respectable, une cafetière d'argent et quelques porcelaines, le tout posé sur une table, sont les promesses d'un déjeuner.... et d'un talent qui naît. *La Petite Chapelle* nous plaît moins, mais était plus difficile à peindre. Un crucifix posé sur une nappe blanche dans une couronne de fleurs, en arrière une statue de la Vierge entourée de fleurs ; des fleurs dans des vases, des fleurs sur l'autel, partout des fleurs. Il faut, pour savoir accorder tant de couleurs éclatantes et de tons divers, être plus rompu au métier de la peinture que Mlle L. Darru ne semble l'être encore.

Quelle agréable figure que celle de *Figaro*, un aimable griffon anglais qui nous montre son museau noir et ses yeux brillants d'où rayonnent comme une gloire des touffes de poils blancs et roux. Une touche soyeuse et ferme et des tons de valeurs différentes sont seuls nécessaires pour modeler un pareil portrait sans lignes et sans dessin. M. Ernest David, de Caen, n'y a pas tout-à-fait réussi, bien que sa couleur soit très satisfaisante.

Le *Dôme des Invalides, vu de la rue Chevert*, n'est qu'une étude malheureusement éclairée par une lumière bleue un peu froide, dont M. A. Delapierre, de Rouen, fera sagement de se défier.

Félicitons un autre Rouennais, M. Dévé, des progrès qu'il a faits depuis l'an dernier, bien que sa touche montre encore quelque mollesse. Nous ignorions que *l'Ile Saint Denis* présentât des sites aussi abandonnés que celui qu'a peint M. Dévé. On y trouve presque des landes plantées au hasard et traversées de chemins incertains. Il n'est donc besoin d'aller si loin pour être en pays sauvage. Ce qu'il y a de moins heureux dans les *Falaises près Fécamp*, ce sont les falaises, où la touche manque de vigueur. Mais les roches plates, tapissées de varechs verts qui s'étalent au pied entre les flaques d'eau qu'y laisse la mer, sont d'une grande vérité d'aspect et de couleur, surtout aux premiers plans. La mer est peut-être un peu lourde au fond ; mais le ciel est léger, bien à son plan, et s'étage mieux que ne le font souvent ceux des paysagistes le plus en renom.

C'est toujours avec le même jaune clair et froid tirant sur le vert que Mlle Eudes de Guimard, d'Argentan, colore des tableaux fort agréablement peints du reste et habilement composés.

Le *Milton dictant le* Paradis perdu *à ses Filles* ne renferme que la dose de sensiblerie qu'une demoiselle devait trouver en un pareil sujet et d'aspect théâtral qu'il faut en un tableau. La belle utilité que ce serait de peindre Milton morose, en robe de chambre et en pantoufles, dictant son poëme à ses filles prosaïquement assises devant une table ! Mais posez-le-moi en grande toilette, tout de noir habillé, dans un gand fauteuil, près de la fenêtre; faites asseoir à ses pieds une de ses filles attentive; appuyez l'autre, dont la tête est assez mal dessinée, sur la harpe qui se tait, et dont les préludes ont transporté l'esprit du poëte aux pieds de l'Eternel, et vous aurez un tableau presque épique.

Mlle Eudes de Guimard aime tellement les tons verts, qu'elle a fait dorer en or vert le cadre de son second tableau : *les Femmes de la campagne de Rome.* Cette bordure, d'un aspect si froid, a été, sans doute, choisie afin de faire paraître plus chauds les tons presque analogues qui se trouvent dans le tableau. En effet, la femme, debout près d'une fontaine, noyée dans la demi teinte, dont la silhouette seule est éclairée par les dernières lueurs du jour, les deux autres femmes du fond et ces fonds eux-mêmes plus éclairés, forment un ensemble d'une coloration tempérée et presque blonde où nous voudrions voir persévérer Mlle E. de Guimard. La recherche de ce cadre, d'un ton si désagréable, ous prouve qu'elle « entrevoit la couleur. »

Que dire du portrait de Mme P. A..., par M. Finck, de Rouen? Il est presque en pied, dans les dimensions du quart de la nature : le violet y domine, et c'est tout.

Notons le succès colossal qu'obtient le dimanche, et même tous les jours, *Un Revers de Fortune*, de Mlle Amanda Fougère, de Coutances. Ils sont si jolis les trois personnages assis autour de cette table, et peints en demi-nature avec de si aimables couleurs : la mère posée de profil et en noir, la petite fille en violet et plus loin le bon petit juif, tout rose, tout poupin, rasé de frais, sous son bonnet noir : comme il pèse d'un air indifférent ces colliers et ces joyaux, qui sortent du coffret posé sur la table. Sans en avoir l'air, cette pauvre dame est bien affligée, et ce juif est bien avide. Ils ne sont guère en scène cependant, et le drame intime qu'ils jouent passe d'abord inaperçu ; mais le public sensible, qui ne comprend pas à première vue compose tout de suite son petit roman et s'émeut dès que le livret lui a indiqué de quoi il s'agit. Puis le joli a tant d'attraits et remplace le beau auprès de tant de gens !

Le Portrait de Mme Saint-Athanase, abbesse de Jouarre, bonne grosse femme placide, aux mains courtes, possède les mêmes qualités de sérénité et de modelé que les personnages d'*Un Revers de Fortune.*

Nous avons vu mieux de M. A. Foulongne que son *Silène endormi*. Ce joyeux Fils aff des bacchanales antiques cuve son vin assis au pied d'un tertre. Une nymphe, posée de profil et d'un assez bon style, lui barbouille le front avec des mûres. Au fond, des bergers préparent des liens. La scène, bien disposée, a le mérite de ne rappeler aucune des nombreuses compositions que l'on a faites sur le même sujet. Mais le Silène manque de force et d'ampleur dans sa musculature, et la couleur de ce ressort que nous avions trouvé dans d'autres peintures de M. A. Foulongne.

C'est sans doute par espiéglerie que Mlle Gallwey, du Havre, en compagnie de sa sœur, des Batignolles, a envoyé au salon son tableau de pensionnaire. Ces petits essais devraient rester dans la famille et en exciter la muette admiration, au lieu de venir affronter les moqueries des désœuvrés dans les salles des refusés.

La *Notre-Dame-de-Pitié* de M. Gislain, de Trun (Orne), élève de trop de maîtres pour en avoir eu un bon, grand tableau placé dans la même section, nous semble peint d'après des gravures de l'école vénitienne et de l'école flamande. Ce sera d'un excellent effet dans quelque église de campagne ; mais, à côté des œuvres étudiées sur la nature, cela ne compte réellement pas.

Des deux paysages exposés par M. G. Guttinger, de Rouen, c'est *le Sentier dans la forêt de Touques* que nous préférons ; il est enlevé de verve et ne montre pas les défaillances que nous trouvons dans *les Bords de la Seine, aux environs de Sèvres.* Le sentier traverse un fourré que dominent quelques arbres sur la gauche. Le ciel couvert, chargé de nuages noirs et blancs en mouvement, est excellent.

Un Portrait de Femme, de M. Hallot, de Caen, est parmi les refusés ; cependant il y en a peut-être de pires au salon. Cette peinture n'est pas gaie, mais elle est faite consciencieusement, bien que d'un modelé un peu rond.

M. Georges Hébert, de Rouen, n'a point vu cette année reléguer ses tableaux dans la section non admise au concours. Nous doutons que, malgré quelques excentricités de couleur, un jury plus sévère les y eût envoyés. *La Perle d'Orient* est une jeune fille d'une physionomie très fine et d'une très agréable figure, habillée en costume mauresque et le sein découvert, qui, debout près d'un guéridon, remplit de café une tasse d'or. Les chairs ont revêtu une belle teinte ambrée et très montée de ton, comme c'est l'habitude chez M G. Hébert. La conséquence a été qu'il a fallu encore plus monter de ton les costumes, afin de donner aux chairs une couleur relativement blanche, et que les ors poussés eux mêmes aux limites du puissant ne sont plus de l'or ; à peine s'ils sont du métal.

N'importe ; il y a un certain apaisement chez M. G. Hébert et un plus grand respect que jadis pour le dessin. Aussi a-t il pu faire un portrait assez individuel d'un grand monsieur, à grand nez et à grandes mains, dont le grand cou sort d'un grand col rabattu, entre les grands revers d'un habit à grandes manches. Tout est grand et large dans ce portrait d'une couleur moins rissolée que *la Perle d'Orient.*

Ils attendent, par M. Hellouin, d'Aunay-sur-Odon (Calvados), représente un homme et une femme en costumes classiques assis au bord de la mer. *Adspectabant mare flentes...* Cette peinture vieillotte et malhabile, faite sans modèle fort probablement, est dans le salon annexe et y est à sa place.

M. Louis Hénault, de Rouen, a beaucoup retravaillé et singulièrement amélioré le tableau intitulé *l'Epoux et l'Epouse*, que nous avions vu à la dernière exposition municipale. Nous rappellerons que ce tableau représente un homme et une femme debout, plus grands que nature et au repos. Les mérites d'une telle composition doivent résider surtout dans la science du dessin, l'harmonie de la ligne et la puissance du modelé. M. Louis Hénault a fait droit à plusieurs des critiques qu'on lui avait adressées à Rouen en effaçant quelques incorrections ; mais il est un certain bras, le bras gauche, que l'épouse appuie sur l'épaule de l'époux, dont il serait assez difficile de retrouver sur la nature les emmanchements et la forme. Enfin, tel qu'il est, ce tableau se soutient à un rang honorable et témoigne d'excellentes tendances chez M. L. Hénault.

M. Hermann-Léon, du Havre, fait effeuiller à une grimaçante macaque la marguerite si souvent questionnée. Il est vrai que *l'Oracle des Prés* a été arraché dans un vase du Japon, posé sur un tapis de Turquie, et que maître singe n'obéit qu'à son esprit destructeur. Ce tableau, d'assez grandes dimensions, rappelle par sa couleur et par sa facture les toiles de M. Ph. Rousseau, le maître de M. Hermann Léon. Mais ce n'est encore qu'un reflet. *Le Singe Guitariste* est un petit panneau moins important, où, comme on le devine, le quadrumane s'acharne à gratter le ventre d'une guitare, en criant comme un possédé devant un cahier de musique appuyé à quelques bouquins recouverts d'une belle basane brune. C'est agréablement et très habilement peint, mais il faudrait que M. Hermann-Léon dégageât sa personnalité de celle de son maître.

Les études de *Pivoines* de Mlle Heuzé, de Rouen, sont très éclatantes et très vraies de ton, ainsi que ses *Iris*. Dans ces derniers la coloration verte des feuilles en lame de sabre est trop sacrifiée peut-être à l'éclat des fleurs. Il faut maintenant que Mlle Heuzé s'essaie à assortir ces fleurs dont elle fait des portraits individuels si réussis.

L'exposition de Rouen a eu la primeur d

la *Communion de Jeanne Darc dans sa prison*, par M. Krug, de Drubec, tableau un peu fantasmagorique qu'éclaire une lumière de soupirail.

Le portrait de Mme V. Massé, que tout le monde s'obstine à vouloir être celui de Mme Sand, montre beaucoup de caractère dans la physionomie, bien qu'on y puisse désirer un peu plus de fermeté. Un manteau en velours gris clair garni de fourrure grise, qui recouvre le buste par dessus une robe noire trop effacée, est un excellent accessoire, grassement peint, et qui, bien que très important, se subordonne aux carnations par ses tons neutres.

La *Nature morte* de M. H. Lachèvre, de Rouen, représente un tapis kabyle accroché à un clou, en même temps qu'une casquette d'officier général, et tombant en plis sur une table où un chibouck est placé à côté d'un grand verre à pied, le tout d'une couleur très chaude et largement brossé.

M. A. Lambert, de Darnétal, se rattache à l'école d'Anvers, dont M. Daubigny est le chef, et qui a pour muse la nymphe de l'Oise, nymphe coquette et bonne inspiratrice, comme le prouve M. Lambert lui même. Des deux tableaux qu'il a exposés : l'un, *le Matin*, peint évidemment sur les bords de l'Oise ; l'autre, *le Soir*, peint à quelques pas de la rive, dans le parc de M. de Lamoignon, c'est celui qui caresse de plus près la nymphe qui est le meilleur.

Comme dans tous les tableaux où cette aimable rivière est et sera représentée, on la voit en raccourci, bordée sur une rive d'arbres qui trempent leurs feuilles dans l'eau, tandis que, sur l'autre rive, la plaine étroite chargée de moissons blondes s'étend quelque peu et ondule jusqu'à former un coteau qui domine un village. Les eaux sont encore plombées et dans l'ombre, mais l'horizon se colore, et la troupe des nuages légers s'irradie, affectant mille formes bizarres. Ce ciel est très original et très fin ; tous les terrains de la rive nue sont bien dessinés. Quant aux arbres de l'autre rive, ils sont un peu lourds, mais ceux du parc de M. de Lamoignon ne forment qu'une silhouette noire et maigre sur un ciel jaune.

Supérieur à tous les artistes que nous avons eu à citer jusqu'ici, M. Laugée, de Maromme, a occupé cette année une des meilleures places au salon, bien que ses tableaux ne fussent point des plus grands. *L'Episode des guerres de Pologne en* 1863 est surtout un souvenir des atrocités commises par les Russes. Une jeune femme, entièrement nue, vue de dos, les pieds et les poings liés, gît au revers d'une route. Ses chairs blanches nacrées sont zébrées de bandes rouges, lacérations reçues pendant la lutte. Elle a subi, sans doute, les derniers outrages, et une fois morte, elle a été abandonnée à côté de quelques débris d'armes et de vêtements, vestiges d'un engagement. Les ravisseurs sont disparus, les paysans tiennent la campagne ou sont réfugiés dans la forêt, et les femmes seules sont accourues. Elles sont quatre : la vieille grand'mère, qui s'est assise anéantie au beau milieu du chemin, les yeux fixes et les mains croisées sur les jambes ; la mère est debout les yeux au ciel, soutenant sa fille, qui s'appuie à son sein ; une dernière, moins abîmée dans la douleur, s'apprête à couvrir d'un drap le corps de la victime. Il est soir, quelques maisons basses dessinent leur silhouette sur un tertre, et un village brûle à l'horizon. Voici le théâtre, voici la scène. Peint d'une couleur plutôt soutenue qu'énergique et tout-à-fait appropriée au sujet, cet épisode de l'insurrection polonaise, dramatique sans emphase, montre le talent de M. Laugée sous un jour nouveau et avec des qualités qui ne lui sont pas habituelles.

Nous le retrouvons tel que nous le connaissions déjà dans la scène champêtre intitulée *le Repos*. Une paysanne de l'Artois, fatiguée de la longue journée qu'elle vient de passer, courbée sur le sol, le dos chargé de glanes, se repose sur le talus d'un chemin creux. Sur la crête de l'autre talus, qui forme tout l'horizon, deux jeunes filles s'en vont portant sur leur tête la gerbe des épis ramassés. Leur corps se profile sur le ciel ardent du soir, et peut-être leur silhouette n'est-elle pas assez élégante ou vigoureuse. Tout est baigné dans une atmosphère lumineuse et chaude où voltige la vapeur des soirées d'été. La femme du premier plan, plus triste, est enveloppée dans la demi-teinte. Avec moins de force et de style que M. Breton, M. Laugée excelle, comme lui, à retracer les mœurs et le paysage nu de la Picardie ou de l'Artois. C'est la même inspiration que traduisent avec des qualités différentes deux artistes doués d'un grand talent tous deux.

Saint Bernard méditant la Croisade, voilà un titre ambitieux. Comment savoir que c'est précisément la croisade qu'il médite? Rassurez-vous, celui qu'a peint Mlle de Launay, de Bellesme, ne médite rien, et ce titre est donné à une simple tête d'étude de vieillard barbu habillé d'un froc blanc, passablement peinte et d'une assez bonne couleur blonde.

D'habitude, on représente la Madeleine expirante encore jeune et encore belle, malgré une longue pénitence, le jeûne et les larmes. Mlle Lefèbure, de Falaise, n'a pas fait comme les autres, surtout comme ceux qui font un bon tableau. Sa *Madeleine expirante* est vieille et laide, mal dessinée par dessus le marché, mais d'une couleur assez harmonieuse dans les tons bistrés.

Après avoir peint, l'an dernier, *une Prise de Voile*, M. Legrain, de Vire, a peint, cette année, *l'Inhumation d'une Religieuse*, et nous ne supposons pas que ces deux compositions sévères servent jamais à illustrer le roman de l'abbé ***.

Le cortége des religieuses habillées de noir et coiffées de voiles blancs descend de l'église, suivant la défunte, portée à découvert par huit sœurs. Le soir se fait, et le ciel, rouge à l'horizon, se dégrade peu à peu et devient vert. — C'est étonnant ce que nous avons déjà signalé de ciels verts et roses! — Les attitudes des religieuses sont habilement variées, sans cesser d'être enveloppées par une ligne sévère comme il convient au sujet, et, si la couleur en était moins sourde, ce tableau produirait une impression supérieure à celle qu'on en ressent.

Le Livre d'Heures est le portrait largement fait et d'un aspect un peu métallique d'une petite fille assise à terre dans un beau désordre et déchirant fort méchamment un missel enluminé placé sur ses genoux.

M. F. Legrip, de Rouen, a exposé deux tableaux. Un sujet de genre : *Philippe de Champaigne peignant le Portrait de sa fille Suzanne*, religieuse à Port-Royal des-Champs, inspiré en grande partie des admirables portraits du Louvre. Un grand paysage : *la Grange de la Ferme d'Hautes-Isles*, placée dans une des îles de la Seine, aux environs de la Roche-Guyon, et vue le soir.

Après avoir essayé encore une fois de peindre des personnages grands comme nature, et après avoir enfin reconnu dans ces divers essais que son pinceau manque de force pour ces entreprises, M. Jacques Leman, de L'Aigle, devrait se résigner à ne représenter que de petites scènes, point trop nombreuses ; comme il les réussit à merveille, il y trouverait réputation et profit. *Le Médecin malgré lui*, spirituellement traité, présente dans le jeu des physionomies quelque chose des qualités de l'école anglaise, et ce quelque chose-là a déteint sur la facture et sur la couleur : c'est la scène où Sganarelle, affublé de la grande robe noire et du bonnet de docteur, prononce ces mémorables paroles qui dénotent un diagnostic peu ordinaire :

« Voilà un pouls qui marque que votre fille est muette. »

On devine aisément la scène. Le fagotier Sganarelle, à la face vermillonnée, paysan matois, est gravement assis au centre ; la fille, assise à sa droite, lui tend modestement le bras ; le père, attentif, à sa gauche, s'émerveille de tant de science. La nourrice qui avait de si beaux seins, l'amant et le valet sont en arrière. Une tenture à personnages couvre les murs. Tous sont expressifs, bien en scène, et montrent chez M. J. Leman un esprit plus cultivé que n'est celui de la plupart des artistes qui, imitant à leur manière les chevaliers de jadis, qui se faisaient gloire de ne pas savoir lire, tirent quelque vanité de ne pas savoir grand'chose en dehors de la pratique de leur art.

La Lecture qu'on fait à une jeune malade, couchée sur sa chaise longue et entourée d'un cercle d'amis, étant dans les dimensions de la nature, manque de tout ce qui fait le charme et l'intérêt de l'autre tableau, et nous préférons ne pas nous y arrêter.

Il y a tant de paysages excellents cette année, que ceux qui ne sont que bons passent inaperçus : tel est celui de M. Lepine, de Caen. *Le Paysage à l'île Saint Ouen* prouve que cette île est décidément plus sauvage qu'on ne croirait d'après les légendes qui ne la représentent qu'habitée de marchands de friture, que hantée par les bonnes d'enfants et les tourlourous. Là, fort heureusement pour les peintres, les ingénieurs des ponts et chaussées n'ont point songé à régulariser le lit du fleuve ; sans cela nous ne verrions point cette chaussée informe, qui, soutenue par une file de saules, chemine entre le fleuve et une flaque d'eau où s'étalent les nénuphars entre les sagittaires, à l'ombre des arbres de la berge. Cela est peint dans les tons gris clair, légers, d'une façon très habile ; mais cela aussi fait songer à M. Corot. C'est à Troyon que l'on pense en examinant le second tableau de M. Lépine. *Les Chevaux de trait* se reposent dételés, en avant du banneau bayé, et s'enlèvent lumineux, ainsi que tout le premier plan, sur un ciel de plomb. Une personnalité de plus qui ne s'est pas encore affirmée.

Voici un talent nouveau qui se révèle et nous promet un habile animalier de plus en la personne de M. Lhuillier, de Granville. Dans *le Départ pour le Pâturage*, l'âne s'en va devant, portant un gamin et son petit frère. Deux paires de vaches rousses suivent accouplées, et cette chaîne pacifique suit tranquillement le chemin qui traverse la plaine nue. Un bout de haie et une flaque d'eau au premier plan en sont les seuls accidents. Le ciel, un peu rose et mou, est de même teinte que la plaine; mais les animaux sont bien dessinés et bien peints et d'une bonne couleur claire. Une *Granvillaise*, commère haute en couleur et coiffée du petit bonnet qui sied si bien à celles qui sont jolies, douée sans doute des qualités viriles que l'on accorde à ses compatriotes, est une bonne étude, largement peinte, mais trop négligée dans le reste du costume.

Il y a beaucoup d'inexpérience chez M. Lesrel, des Genêts (Manche), dont le tableau *le Chant du Soir* n'a pu concourir pour les récompenses. Cependant le contour de cette grande femme en costume antique, appuyée sur sa harpe, montre quelque recherche; mais ce contour vide et sans modelé indique que M. Lesrel a encore beaucoup à apprendre.

Une jeune Femme portant un plat de fruits, de M. Loutrel, de Rouen, appartient à la famille des tableaux dont un seul personnage fait tous les frais. D'habitude ce personnage est en costume du temps de Louis XIII. La jeune femme de M. Loutrel ne déroge point à l'usage. Elle est blonde et jolie, le satin blanc lui va si bien ! pourquoi ne serait-elle pas mise à la mode régnante? Une casaque grise, un lévrier blanc, tout fait harmonie blanche sur un fond de bahuts et de tapisseries. La couleur de ce tableau, plus chaude que d'habitude, est une marque d'efforts chez M. Loutrel.

M. Eugène Marc, de Rouen, n'a pas eu une petite ambition cette année : il a peint un tableau religieux sur un sujet non connu et de grandeur naturelle. C'est la *Conversion de saint Théophile*.

Laissons parler le livret pour expliquer le tableau de notre compatriote : « Comme sainte Dorothée allait au supplice et disait qu'elle allait trouver son divin époux, un jeune homme, nommé Théophile, lui demanda en raillant des fleurs et des fruits du jardin de cet époux ; la sainte, par un effet de la toute-puissance de Dieu, lui présenta réellement des fleurs et des fruits. » Sainte Dorothée, debout, reçoit de la main des anges les fleurs qui tombent à terre, où les contemple Théophile agenouillé. » C'est le ciel, ce nous semble, que devrait regarder le railleur et et non la terre, car il participerait au miracle en qualité de spectateur ému, tandis qu'il n'y figure que comme assistant indifférent. Rien n'unit les deux figures entre elles et n'explique le sujet moral caché sous le fait apparent que représente le tableau. Le dessin est suffisant : la figure de la sainte ne manque pas de noblesse, la lumière qui éclaire les deux personnages vise aux grands effets, mais elle se trouve sans accord avec le ciel, qui est complètement gris et d'où elle devrait venir, ainsi qu'avec les fonds, qui devraient en recevoir un reflet et qui sont entièrement sacrifiés. On ne sait d'où tombent les rayons de lumière qui éclairent si vivement les personnages en les laissant à moitié dans une ombre vigoureuse, et un coloriste moins timide, à l'exemple de Murillo, y eût fait nager les anges, messagers des divines clartés.

M. E. Marc, qui s'essayait pour la première fois dans la grande peinture, tentative hardie que nous avons voulu apprécier avec tout le soin qu'elle mérite, s'est senti plus à l'aise dans un tableau intitulé *Convoitise*. Un panier de fruits est renversé dans un agréable désordre sur la table de l'office, et une enfant montre à travers les barreaux de la fenêtre sa tête blonde où brillent des yeux animés par le désir.

Il n'y a guère à dire encore du tableau de genre exposé par M. E. Martin, du Havre : ce n'est ni bien ni mal. Deux troupiers en congé se sont arrêtés chez une paysanne et semblent écouter la lecture d'une lettre. Nous avons été longtemps avant que de comprendre comment cette action pouvait s'accorder avec ce titre : *Les Nouvelles du pays*. Mais ici le mot « pays » possède un sens particulier et est le masculin de « payse. » Les deux soldats en congé apportent à la « payse, » qui la lit, une lettre de son « pays » resté au corps.

M. A. Massé, d'Elbeuf, abandonnant les sujets actuels pour la peinture rétrospective, nous montre *le Marquis de la Ferté arrivant au manége de M. de la Guérinière*. Il y arrive sans doute pour apprendre à s'y bien coiffer et à se mettre mieux en selle, quoiqu'il fasse faire à son cheval au nez busqué une belle courbette. les quatre jambes en l'air. Si le cheval continue droit son chemin, il se cassera la tête contre le pilastre qui flanque la porte, au lieu d'entrer dans celle-ci, que M. de la Guérinière lui montre par précaution, et en le saluant avec cette politesse exquise qui est le privilége des professeurs d'équitation. Malgré cette faute de perspective aérienne et ces menues chicanes auxquelles il serait facile de faire droit, ce tableau de M. Massé est d'un homme habile et maître de son pinceau. *Le Portrait de Mme la baronne de L...* est celui d'une jeune femme, de face, se promenant dans son parc en robe blanche de demi-toilette, son chapeau rond à la main. Peint dans des tons clairs et assez sommairement modelé, ce portrait est d'une facture fort agréable.

C'est un bien beau site que celui que M. Merme, de Cherbourg, a choisi à la Guadeloupe. *La Rivière des Galions* tombe en cascades au milieu des plaines vertes, où les palmiers en parasol se marient à la cime des chênes, en avant des montagnes vertes elles-mêmes et du plus beau profil. *La Rue Ravine-Espérance*, à Basse-Terre, est une assez vilaine montée pierreuse, mais de charmantes villas blanches la dominent au milieu des arbres. Ces sites ont-ils la couleur froide que leur donne M. Merme?

M. Jules Michel étant devenu notre compatriote, nous devons nous occuper de son tableau, qui nous semble inachevé. *Au Pied de la Croix* est ce qu'en Italie on appelle « une Pitié, » c'est-à-dire la Vierge tenant sur ses genoux le corps du divin supplicié.

Ce corps affecte les longueurs qui plaisent à M. J. Michel ; mais les chairs, encore peu modelées, sont de cette belle couleur blonde et lumineuse que nous avons souvent louée chez lui. La Vierge, à l'état de simple préparation, est remarquable par la belle coloration verte de son manteau.

Enfin, M. J.-F. Millet, de Gréville, a réussi à peindre un tableau qui réunit tous les suffrages : ceux de ses amis, peut-être ? — mais certainement ceux de ses adversaires, des amis clairvoyants et du public tout entier. *La Bergère avec son Troupeau* sont aux champs par la fin d'une belle journée de septembre. Elle est debout, point trop laide, en bonnet rouge et en mantelet gris par dessus une robe bleue et tricotant attentivement. Son troupeau gris et noir broute derrière elle. Au-delà s'étend la plaine dénudée, une charrette s'arrondit au loin sous son dôme de gerbées, et quelques arbres ferment l'horizon. Le soleil, encore haut et caché derrière un nuage, lance des clartés qui s'irradient en traînées plus blanches sur le fond rosé du ciel tout chargé d'electricité. Le temps est lourd, et les chaudes vapeurs qui se dégagent de la terre enflamment l'horizon.

Cet horizon peut il être aussi rouge, alors que le soleil en est encore loin ? C'est une question que nous posons à M. J. F. Millet, lequel ne fait rien qui ne soit pris sur la nature. Mais qu'il ait trouvé ou imaginé cet effet, le tableau n'en est pas moins un des meilleurs de son œuvre, remarquable par l'harmonie colorée de tant de teintes diverses fondues dans l'unité d'un ensemble lumineux, et par l'impression de chaleur lourde et énervante qui s'en dégage.

M. J. F. Millet a été moins heureux dans l'autre tableau : *Des paysans rapportant à leur habitation un veau né dans les champs*, et le portant avec autant de solennité qu'ils feraient du saint-sacrement. Là le dessin est simplifié au-delà du permis, la touche est cotonneuse et maladroite, et il est impossible de concevoir comment le même artiste a pu composer deux tableaux si dissemblables.

« Il faut pouvoir faire servir le trivial à l'expression du sublime : c'est là la vraie force, » a dit M. J.-F. Millet. Ou M. J.-F. Millet ne possède pas la vraie force, ou sa formule est fausse, car toutes les fois qu'il s'est trouvé en face d'un sujet trivial, il a produit des œuvres manquées, et des œuvres fortes et saines toutes les fois qu'il était en présence d'un sujet qui n'était que simple. « Faire servir le trivial à l'expression du sublime, » c'est la formule de la préface de *Cromwell*, si nous avons bonne mémoire.

Mais V. Hugo ne met pas le sublime dans le trivial, bien qu'il l'y confonde un peu trop aujourd'hui. Il est pour lui une antithèse. Et d'ailleurs dans la littérature, où les choses n'ont de forme et de couleur que ce que l'auteur en met dans son style, ce style peut couvrir de ses magnificences les choses les plus vulgaires et les plus bizarres. Mais dans l'art, où la forme et les couleurs sont les seules modes d'expression, comment le trivial, — le trivial, entendez-vous? ce qui est vulgaire par l'action ou le contour, pourrait-il devenir sublime? Un artiste de talent pourra dégager l'âme des choses, que le spectacle de chaque jour nous empêche d'analyser; mais ce seront des choses habituelles et non triviales. Et puis la même action naturelle pourra être faite par deux hommes, trivialement par l'un, avec une certaine ampleur de gestes par l'autre, et parce qu'un artiste aura saisi ce qu'il y a de style dans l'action du second et l'aura accentué, pourra-t-on dire que l'action triviale du premier sera devenue l'élément de l'action, non pas sublime, mais pittoresquement belle du second?

La théorie de M. J.-F. Millet nous semble fausse en tous points, d'autant plus qu'il en a été la première victime; ce que nous regrettons vivement, car nous avons un profond respect pour cet artiste courageux et tenace, qui poursuit sa voie, malgré la critique et parfois les sarcasmes.

M. V. Mongodin, de Vire, aime toujours le monde des infiniment petits, éclairés d'une lumière blanche et froide sur des carnations rouges. Nonobstant, *la Dînette* et *la Partie de Billes* sont d'agréables petits panneaux bien étudiés et facilement peints.

Le port Pi, à Mayorque, de M. Morel-Fatio, de Rouen, nous rappelle certaines des agréables matinées de Joseph Vernet. C'est la même mer Méditerranée, et ce sont les mêmes felouques, et le même soleil perçant un brouillard rosé; mais la ressemblance s'arrête à la similutude des modèles. Il y a moins d'apprêt chez M. Morel-Fatio et un sentiment plus naïf de la vraie nature.

Dans *l'Hivernage devant Kinburn*, nous retrouvons un autre brouillard; mais celui-ci plus froid et plus dense. Il estompe tout: les canonnières emprisonnées dans les glaces et protégées par leurs filets d'abordage, ainsi que les hommes qui marchent sur les eaux solidifiées. M. Morel-Fatio a peut être eu tort d'exposer en même temps deux œuvres à peu près semblables d'aspect, mais dissemblables cependant par la qualité du ton. Peut être aussi est ce une coquetterie d'artiste d'avoir voulu se montrer expert en ces finesses de la couleur.

La *Nature morte* de M. X..., de Rouen, a le mérite d'être aussi facilement peinte qu'elle est simplement composée. Une bourriche renversée, d'où sortent, parmi le foin, un chapon et des pigeons, puis une soupière en faïence de Marseille, en font tous les frais. Peut-être les seconds plans en sont-ils trop négligés.

L'Officier de Lansquenets sous Louis XIII, salade en tête et debout dans son costume rouge sous sa cuirasse noire dont quelques bandes brillantes réveillent les opacités, regardant par la fenêtre étroite d'un corps-de-garde, était trop haut placé pour que nous puissions en parler.

M. E. Normand, de Rouen, sans maître connu, jouissait du triste privilége d'exciter au plus haut degré l'hilarité du public dans les salles annexées. Mais aussi jamais on n'avait vu au salon de couleurs plus violentes étalées sur une toile, sous prétexte de tableau, par une main plus inexpérimentée. Les *Fleurs* et les *Fruits* de M. Normand forment deux panneaux décoratifs. Quelle décoration ! Dans chacun de ceux-ci, deux enfants rouges accompagnent une corne d'abondance d'où tombent ici des grappes de fleurs, là des monceaux de fruits, et les imprudents flairent les unes, goûtent aux autres. Que l'on s'étonne, après cela, s'ils font la grimace!

Une clairière au fond d'une gorge isolée, bordée d'un côté par un éboulis de terres argileuses, montant de l'autre côté en pentes herbeuses où croissent de grands arbres, en avant d'un épais taillis; pour premier plan, un peu d'eau, que protègent quelques arbres effilés, et sur la pente, une femme appuyée sur le coude et lisant sous un rayon de lumière, telle est la composition que M. A. Oudinot, de Damigny, appelle *Solitude*. Il y a, en effet, dans ce paysage, un calme et un recueillement qu'augmente encore une couleur un peu sourde, qui est ici plutôt une qualité qu'un défaut. Il n'en est pas de même dans l'autre paysage intitulé: *Bords de l'Oise*. Quelques gaîtés de palette n'y messiéraient pas.

Le portrait de M. L..., par M. Palix, de Sourdeval, posé avec aisance sur une chaise, au dossier de laquelle s'appuient les deux mains du modèle, deux mains point banales et bien étudiées, est exécuté avec soin et fait une œuvre estimable. Mais que M. Palix évite l'écueil des tons violets.

M. Théodule Ribot, de Breteuil, peut passer aujourd'hui pour un maître dans l'art de modeler en pleine pâte des chairs saines et solides, sortant avec la puissance de leurs colorations des fonds noirs, qu'il affectionne plus que de raison, et qui, nous le craignons pour lui, noieront un jour ses demi-teintes dans une nuit éternelle. Dans *le Chant du Cantique*, il y a quatre enfants habillées de noir ou de brun, — une seule porte une casaque rouge, — qui chantent guidées par une vieille femme, habillée comme elles, qui de sa tête ne montre presque que la nuque. Le fond est noir; mais tous les costumes s'en détachent, et tous ces visages dont les carnations, un peu barbouillées, sont fouettées de vermillon, peints et modelés largement, ont un air de vie qui réjouit. Ils ne sont pas beaux, mais ils sont merveilleux d'exécution.

Cette exécution est plus prestigieuse encore dans *les Rétameurs*. L'un, qui ne laisse voir du blanc qu'autour de son col, de ses bras nus et de ses pieds chaussés d'espadrilles — et quel blanc! — fait jouer un soufflet de ses mains calleuses et rouges sous la couche de métal et de charbon qui les noircit. L'aide, placé en arrière-plan, gratte le fond d'une cafetière. Sur l'établi une bouilloire en cuivre jette quelques reflets rouges au beau milieu des outils et des fers à souder, noirs ainsi que le sol et le fond. Il est impossible, en présence de ces vigueurs de colorations et de cette franchise de facture, de ne point songer à Ribera et à Velasquez. M. Ribot est de leur école; mais qu'il ne nous force point d'écrire si souvent le mot « noir » lorsque nous avons à parler de sa peinture et de son beau talent.

C'est encore un coloriste, mais plus varié de ton et se rapprochant davantage d'Eugène Delacroix, que M. Julien de la Rochenoire, du Havre. Il aime l'action et la couleur en mouvement, dût le dessin quelque peu en souffrir. En 1820, la diligence de Dives à Caen fut surprise par la marée montante entre les basses falaises et la mer. Camille Roqueplan trouva dans cet accident assez extraordinaire un de ses meilleurs tableaux; c'est celui que M. de la Rochenoire vient de refaire dans un autre sentiment : *La Diligence* est lancée au galop de ses cinq chevaux, que les vagues effraient et dont quelques-uns se cabrent. Tout est agitation et mouvement dans cette toile, sur la terre et sur les flots. Ceux-ci, incertains, peu dessinés, ne dressent-ils pas une muraille trop élevée contre la voiture ? Toutes les colorations sont elles assez également soutenues pour qu'il n'y ait pas une certaine dislocation dans l'ensemble ? Ainsi le cheval noir de limon disparaît entièrement et se perd dans le fond.

Il en est de même dans les chevaux de l'autre tableau intitulé, *le Bac*. Destinés à faire valoir la belle robe soyeuse d'un cheval blanc qui fait un écart et se cabre, ils se confondent avec le ciel sombre du fond et les eaux limoneuses qui clapotent contre le bac. C'est un point que M. de la Rochenoire devra surveiller en même temps qu'il lui faudra donner plus de précision à son dessin, parfois incorrect, pour vouloir exprimer le mouvement avec trop d'énergie.

Dans *une Matinée en Normandie*, la muse de M. P. de Saint-Martin, de Bolbec, a chanté sur un mode moins élevé que d'habitude, mais elle a chanté aussi bien. Son paysage est un vrai paysage normand, un peu gris, sous un ciel moutonné, avec moins de relief peut-être que n'en a la réalité. C'est même un paysage cauchois. Sur le devant, un cours d'eau s'étale sur le sable au sortir vers la droite d'un ponceau en bois que traverse un chemin. Quelques arbres s'élèvent sur la berge du milieu d'une haie, en avant de chaumières en charpente garnie de bauge jaune. Au débouché du ponceau, s'enfonce une plaine peu étendue que termine un rideau d'arbres. Le jour arrive du fond, qui est en pleine lumière, tandis que le second plan est dans l'ombre, ainsi que les eaux, qui nous semblent un peu jaunes, soit qu'elles charrient du limon, soit plutôt qu'elles laissent trop voir le sable de leur lit.

Il nous semble que quelques barres lumineuses comme savait en poser le bonhomme Watelet, dont on s'est tant moqué à cause de son éternel ruisseau sur un lit de galets, feraient cesser l'incertitude sans rompre le calme où M. Saint-Martin a voulu laisser ses premiers plans, afin de faire valoir ses fonds.

M. Sebron, de Caudebec, est toujours l'habile peintre d'intérieurs que l'on sait, et depuis longtemps il n'avait rien exposé d'aussi important que *la Cartuja de Miraflores.* C'est une chapelle à une seule nef, aux nervures en dentelles, vue du chœur, que garnissent des stalles en chêne noirci. Au centre s'élève une belle tombe gothique où sont couchées les effigies de Jean II et d'Isabelle de Portugal. Un autre tombeau de même style garnit un arc creusé dans la muraille. La lumière arrive radieuse et blonde par la rose du portail et se distribue à merveille dans toutes les parties de l'édifice.

Canaletti, et après lui Piazetta, et après ce dernier Joyant nous semblent les interprètes les plus fidèles de ce qui fait Venise, c'est à dire son ciel, sa lumière et ses eaux. Aussi, malgré ses mérites, *la Vue de Venise par une matinée de Printemps* de M. Sebron ne saurait nous rappeler autre chose que l'architecture de la Piazetta, qui occupe le premier plan, et de la Dogana, qui se voit au fond.

Mme H. Sélim, de Rouen, a peint un portrait quelque peu géométrique de *Saïd-Pacha*, le dernier vice-roi d'Egypte. Son Altesse, dont les yeux ne sont guère d'ensemble, est coiffée d'un fez rouge et vêtue d'une ample redingote bleue, large du corps et large des manches, carrée et sans plis, comme dans une gravure de modes. Les mains sont molles et la figure n'est guère modelée. Après cela peut-être, les Egyptiens ne tiennent ils pas beaucoup à posséder une image irréprochable d'un prince qui leur a coûté tant d'argent et légué de si grands embarras.

Il y a du talent, et surtout la marque d'un coloriste dans la *Suzanne* de M. J. Sevestre, de Breteuil. Que ce soit Suzanne ou une autre, c'est une femme nue, debout et de face, dont les carnations colorées se détachent sur une draperie blanche, qu'elle étale et soutient derrière elle, rien que pour faire enrager les deux vieillards que l'on aperçoit par une trouée du feuillage sombre qui entoure la belle Juive. L'attitude est élégante, la silhouette est cherchée avec soin, et cette petite Vénus biblique est une des bonnes études de femme nue qu'il y ait eues au salon dans ces dimensions.

M. Tesnière, du Havre, n'annoncerait point qu'il est élève de M. E Le Poittevin, qu'on le devinerait de reste à sa façon de peindre et de colorer. *Un Bac sur la rivière d'Orne* présente l'accumulation d'autant de choses diverses qu'il est possible d'en réunir sur une même toile. Il y a d'abord la rivière d'Orne, qui s'enfonce en tournant au pied de coteaux cultivés qui tournent comme elle. Puis, à droite et au centre, sur la berge accidentée, il y a une cabane, des barques échouées et un embarcadère en charpente; sur les eaux, on voit le bac rempli de monde, et en arrière un allège, en arrière encore un brick à l'ancre, puis par dessus tout un ciel couvert de gros nuages blancs. M. Tesnière s'est habilement tiré de tout cet amas de choses. *La Marée basse à Bernières sur Mer*, où des paysans chargent du varech sur leurs voitures, est plus simple et forme peut-être un tableau plus individuel.

Avec quelques gravures d'après Lesueur, M. Angel Thouin, d'Alençon, a peint *un Ravissement de Saint Paul*, tiré à deux anges, qui figurera sans doute un jour sur quelque bannière de village. C'est la seule place d'honneur que cela puisse ambitionner.

Une orange ouverte forme une étoile jaune au milieu de raisins et de framboises pâles étalées sur une feuille de chou, en compagnie de pêches. Un melon trône au fond sous un dais de volubilis. Une épingle à cheveux perce de ses deux pointes noires une banderole qui porte ces mots: HONY SOIT QUI MAL Y PENSE. Que diable M. Trébutien, de Bayeux, a-t-il voulu dire avec ce bizarre assemblage? Au lieu de poser des énigmes, M. Trébutien ferait mieux de résoudre celle que la nature pose toujours à ceux qui s'essaient à la traduire, et de ne point se contenter d'à peu près.

Le Christ en Croix, de M. Viger-Duvignau, est un honnête crucifié, qui n'a guère souffert, heureusement pour lui; sa chair n'a point frémi, ses muscles n'ont point peiné, et il se tient droit contre le bois ignomineux le plus tranquillement du monde. Sa vue ne troublera point la solennité des audiences de la salle du Palais-de-Justice, où il est destiné.

Le petit tableau qui accompagne cette grande commande officielle, très agréablement composé, est une de meilleures choses que M. Viger Duvignau ait encore exécutées. *L'impératrice Joséphine reçoit à la Malmaison la visite de l'empereur Alexandre et lui recommande ses enfants*, c'est-à-dire la reine Hortense, qui accompagne sa mère, et un petit prince, qui n'est autre que l'empereur actuel des Français.

Il y a bien un certain combat de couleurs trop heurtées dans les costumes, fort bien peints du reste, des quatre acteurs de cette scène, dont nous louerons l'agencement. Mais ce que nous louerons surtout, c'est la façon dont sont traités les accessoires et les fonds composés avec un grand scrupule historique. Il y a notamment une cheminée garnie de ses bronzes dorés qui est peinte avec une légèreté et une précision très remarquables. Encore un effort vers la recherche de la couleur, qui est toujours froide et sans unité chez M. Viger-Duvignau ; qu'il peigne tout de la façon de cette cheminée, et il sera arrivé.

Dessins, aquarelles, miniatures, porcelaines.

Nous ne trouvons pas grand'chose à dire du dessin au fusain de M. G. Bellenger, de Rouen, qui représente une site rocheux dans *la forêt de Fontainebleau*, si ce n'est que tout y est sur le même plan.

Le Paysage de M. G. Bouet, de Caen, n'est pas gai, mais c'est une fort jolie aquarelle, où des rochers roses, qui ont glissé le long des pentes de montagnes crayeuses, surgissent des eaux qui en baignent le pied et s'enlèvent sur un ciel gris bleu.

L'habileté de M. Armand Cassagne, du Landin, dans le maniement de l'aquarelle, est devenue des plus grandes, et ses paysages, largement enlevés, sont pleins de soleil et d'ombres transparentes. *L'Intérieur d'un bois*, criblé de flèches d'or sur ses rochers et sur les troncs de ses arbres, est surtout d'un effet très vrai et très original.

M. Chaplain, de Mortagne, premier grand prix de Rome, l'an dernier, pour la gravure en médailles, s'amuse à tracer à la mine de plomb des portraits d'amis, d'un dessin très précis et d'un modelé très serré, bien qu'exécutés avec une grande liberté de main.

Le dessin au fusain, genre qui prend une grande extension aujourd'hui et auquel quelques artistes de talent savent donner de beaux tons veloutés et une transparence remarquable, n'est pas encore un mode d'expression dont M. Couraye du Parc, de Saint-Lô, soit devenu maître tout-à-fait. Ses deux dessins sont, en eff t, de mérites inégaux.

Dans *la Vue de Mortain*, amas de rochers en pente, qui descend en avant d'un rideau d'arbres, l'effet est lourd et sans lointains. Dans *la Mare de Bouillon*, au contraire, vaste étendue d'eau bordée sur ses deux rives de grands arbres qui forment promontoire au premier plan, les fonds sont lumineux et légers, et la perspective aérienne est habilement ménagée.

Notons seulement les deux portraits en miniature de M. Desvaux, qui nous ont échappé dans nos recherches à travers l'exposition : recherches assez pénibles pour que le temps passé à trouver tous les éléments de cette longue revue l'emporte peut-être sur celui nécessaire pour l'écrire.

M. André Durand, d'Amfreville-la-Mivoie, continue à exposer chaque année quelques-unes des études sur la Toscane qu'il exécute pour l'album que M. le prince Anatole Demidoff lui a commandé. Cette année, ce sont deux spécimens de cette architecture toscane du moyen-âge, si originale avec ses assises alternées en marbre blanc et noir, et son style gothique, qui n'a jamais pu s'affranchir entièrement des souvenirs antiques. La façade de la Cathédrale de Sienne et son campanile sont un des plus beaux exemples du style fleuri qui régnait en Italie au commencement du treizième siècle. La façade de la cathédrale de Prato est plus sévère et appartient à ce qu'en France nous appellerions le style roman. Les dessins de M. André Durand, à moitié pittoresques, à moitié géométriques, donnent une idée suffisante de ces monuments pour qui ne veut pas les étudier en archéologue. Autrement, il faudrait quelque chose de plus.

Parmi le nombre assez grand de fleurs en porcelaines qu'un certain nombre de dames et de demoiselles ont exposées, celles de Mme Fontanes, de Caen, se font remarquer par leurs qualités de facture et de ton.

M. F. Laugée, de Maromme, dont nous nous sommes déja occupés avec tout le soin que mérite son beau talent, a exposé deux des cartons qui lui ont servi pour la décoration de l'église collégiale de Saint-Quentin. L'un représente *le Christ* debout montrant le Livre aux deux apôtres saint Pierre et saint Paul agenouillés de chaque côté de lui. L'autre nous montre *Saint Pierre* assis, figure d'un très beau caractère et d'un grand style.

L'Etude d'Iris, aquarelle de Mlle A. Laval, de Cherbourg, nous semble supérieure à *l'Etude de Raisins*, qui sont transparents et sans relief.

Il y en a peu à l'exposition qui traitent l'aquarelle avec autant de furie que le fait M. J.-C. Lefebvre, de Rouen. *Le Souvenir du Vieux Rouen* est un chaos de vieilles maisons à pans de bois, disloquées, ventrues et sombres, dont quelques échos de lumière éclairent de place en place les façades lépreuses. *Les Moulins picards*, mal assis sur leurs bases, avec leurs ailes édentées comme de vieux peignes, immobiles et ruinés sous un ciel tourmenté, offrent au soleil un truculent aspect d'abandon et de délabrement sous les lianes qui les tapissent. Tout ceci est très habilement exécuté; mais où la nature offre-t-elle de pareils modèles ?

Un fort joli portrait à la sanguine de Mlle B..., grand comme nature, complète l'exposition de M. J. Leman, de l'Aigle.

M. Marie Lebret, du Petit-Couronne, a fait deux copies, à l'encre de Chine rehaussée de couleurs, de *la Nativité de la Vierge* et de *la Cuisine des Anges*, deux tableaux de Murillo acquis il y a quelques années par le musée du Louvre. Il y aurait beaucoup à dire sur ces copies, qui, si elles rappellent à peu près les originaux par le dessin, s'en éloignent tout-à-fait par la couleur.

Les porcelaines de Mlle de Maussion, de Falaise, interprètent toujours avec une couleu légère et agréable les originaux du Louvre, que ce soit un tableau monté de ton, comme *le Sommeil de Jésus*, de Sassoferato, ou un pastel blond, comme *la Marquise de Pompadour* de Quentin Latour.

Que dire des deux portraits en miniature de Mlle Eugénie Morin, que nous ne l'ayons dit déjà ? La médaille que le jury leur a décernée parle plus haut que nous ne pourrions le faire, et de ce jour notre jeune compatriote est classée parmi les artistes qui comptent et qui sont l'honneur des salons. On devine, à la grâce naturelle de ces portraits et au dessin un peu cherché des contours que leur auteur est une femme ; mais c'est un talent très viril qui les a si largement touchés et si scrupuleusement modelés.

Nous avons loué les tableaux de M. Sebron ; cela nous dispense d'en faire autant pour ses pastels. Quand on a du talent, si l'on fait, par malheur, un portrait comme celui de Mme Anna de la Grange, du Théâtre-Ita-Italien, on doit prendre garde de l'exposer.

La copie à l'aquarelle du *Saint François d'Assise*, de Benouville, dénote chez Mlle Wyatt de Vivefay, de Rouen, un plus juste sentiment de la couleur que du dessin. Les extrémités des personnages sont lourdes, mais let on général du tableau est bien saisi ; les fonds surtout sont d'une fort belle couleur.

Une très grande franchise de ton fait également valoir le *Portrait de l'Infante Marguerite*, d'après le Velasquez du Louvre. Seulement ce ton nous semble plus rosé dans la copie que dans l'original.

Sculpture.

M. Chaplain, dont nous avons cité plus haut les portraits à la mine de plomb, n'a envoyé au salon que deux bustes en terre cuite, exécutés probablement avant son départ pour la villa Médicis. Ces bustes, l'un d'homme et l'autre de femme, sont finement modelés et touchés avec une liberté de main qui laisse transpirer la vie dans ces esquisses sans prétention.

Mme Fortin, de Caen, a fait de son fils un buste en plâtre très estimable, mais qui pèche quelque peu par le défaut d'ensemble dans les traits.

En 1861, nous avons assez longuement parlé, pour n'y point revenir dans cette revue du salon, du *Colin-Maillard* dont M. Leharivel-Durocher avait alors exposé une épreuve en plâtre. Cette figure de jeune fille, traitée dans les dimensions de la nature, nous avait semblé être anti-sculpturale avec ses bras projetés en avant, ses jambes hésitantes et écartées et son visage à moitié caché. L'auteur semble avoir partagé notre avis, car il s'est contenté de faire couler en bronze sa statue, au lieu de l'exécuter en marbre.

Ayant à faire une figure de *Sainte Madeleine* pour la nouvelle église Saint-Augustin, à Paris, M. Leharivel Durocher a choisi pour représenter la pécheresse le moment où celle-ci se retire d'auprès du Christ, le vase de parfums encore dans sa main gauche et tenant de la droite, réunies sur sa poitrine que seules elles vêtirent un jour, les ondes de l'opulente chevelure qui viennent d'essuyer les pieds de Jésus. La tête longue et étroite, et toute jeune, n'est point celle d'une courtisane, mais plutôt d'une femme sentimentale, pécheresse par tendresse de cœur. Le bras gauche à demi-nu ramène sur la poitrine, trop découverte apparemment, les plis nombreux d'un manteau qui enveloppe le corps et se drape un peu à la façon des sculptures gothiques. Cette statue, exécutée en pierre, avec un grand soin, appartient à ce genre religieux et doux qui caractérise le talent de M. Leharivel Durocher.

M. Ed. Peau, du Havre, a modelé très largement et d'une façon un peu martelée un buste d'homme en terre cuite, qui rappelle le style et la facture des œuvres similaires du dix-huitième siècle.

Architecture.

Des études très intéressantes sur les anciennes fortifications de l'entrée du port de la Rochelle, par M. Juste Lisch, d'Alençon, constituent tout l'apport de la Normandie à l'exposition d'architecture. Mais cet apport est important aussi bien par l'originalité des résultats où ses recherches ont conduit M. Jules Lisch que par l'exécution des nombreux dessins qui les justifient. On connaît par les gravures exécutées sous la direction de Le Bas, d'après le tableau de Joseph Vernet, les deux tours, l'une haute et carrée, l'autre ronde et basse, qui défendent l'entrée du port de la Rochelle, mais ce qu'on ignorait et ce que M. Jules Lisch a trouvé en étudiant avec soin la tour carrée, c'est qu'un arc immense, jeté par dessus l'entrée du port, allait de celle ci à son opposée. Les voussoirs de sommier existent encore et indiquent la forme de la courbe. Cet arc soutenait un chemin de ronde crénelé, de sorte que, tandis que les vaisseaux qui auraient voulu forcer l'entrée du port étaient arrêtés par la chaîne, dont la manœuvre s'explique par les traces laissées dans le mur de la chambre qui lui était destinée dans la tour qui porte encore le nom de *Tour-de-la-Chaîne*, des projectiles incendiaires et des armes de jet pouvaient être lancés du chemin de ronde sur le pont du vaisseau.

Un peu plus loin, une autre tour des fortications était coiffée d'une aiguille, comme un clocher, qui devait servir d'amers pour l'atterrissage, d'autant plus qu'une tourelle, aujourd'hui décapitée, qui monte à côté du clocher et renferme un escalier à vis, ne pouvait avoir d'autre objet que de renfermer un fanal qui, pendant le nuit, guidait les navires.

Toutes ces particularités sont indiquées et justifiées par M. Juste Lisch dans leurs plus petits détails, dans des dessins très habilement et très simplement faits, qui lui font le plus grand honneur et lui ont mérité une médaille.

Gravure.

La chalcographie du Louvre a confié à M. C. Chaplin, des Andelys, l'exécution d'une grande gravure à l'eau forte, d'après le célèbre tableau de Watteau, intitulé *l'Embarquement pour l'île de Cythère.* Soutenu par l'original, M. C. Chaplin a fait une planche spirituelle et colorée, qui rappelle la peinture de Watteau, aussi bien que peuvent le faire l'eau-forte et un artiste qui n'est pas un contemporain; car il est à remarquer que chaque peintre a trouvé autour de lui les graveurs qui l'ont le mieux interprété, et qui, animés du même sentiment esthétique que le sien, ont su, de prime abord, se plier à ses idées et s'identifier à sa couleur et à son style.

Moins heureux lorsqu'il travailled 'après lui-même que lorsqu'il lui arrive de vouloir traduire Watteau, parcequ'il est moins difficile pour ses propres œuvres, M. C. Chaplin a produit une foule d'eaux-fortes et de lithographies dont nous ne parlerions pas, s'il n'en avait exposé des spécimens, et que nous regrettons, pour plusieurs motifs, de voir signer par un artiste de cette valeur.

Le Paysage au soleil levant, eau-forte, par M. Ernest Lefebvre, président de la Société des Amis des Arts de Rouen, témoigne de très grands progrès, bien que le dessin y laisse encore à désirer. Ainsi les prairies du premier plan à gauche et les terrains boisés qui les limitent au pied d'un coteau sont mal assis et semblent placés au-dessous du niveau de la rivière qui les baigne. La futaie de droite, toute dans l'ombre, est plus solide et fait valoir à merveille l'effet brillant de la lumière matinale qui envahit les fonds et se répand sur les prés.

M. C. Regnault, de Bayeux, qui dépense une grande somme d'habileté un peu à l'aventure, a exposé deux petits portraits, celui de Voltaire et la tête d'une jeune fille, exécutés de cette pointe légère qui effleure à peine le cuivre et y trace une image qu'un souffle semble pouvoir enlever. Il faudrait craindre qu'à ce jeu tant de talent ne s'évaporât, et nous voudrions que M. C. Regnault alternât ce qu'il appelle des « improvisations sur acier » avec quelques bons burins bien vigoureux, comme il a témoigné qu'il en savait faire.

M. Ribot n'est pas de la même école, et c'est la légèreté qu'il faudrait souhaiter à ce peintre, lorsqu'il manie la pointe et attaque le cuivre avec l'eau-forte. Ses deux portraits de M. Cadart et de M. Vollon participent des défauts qui semblent spéciaux à la « Société des aqua-fortistes, » dont M. Cadart est l'éditeur. La touche en est quelque peu brutale, et l'effet est donné par l'opposition des blancs aux noirs absolus, sans l'intermédiaire des demi-teintes. Ce n'est pas ainsi que M. Ribot procède dans sa peinture, très énergique cependant, et si une eau-forte ne doit être qu'un croquis, encore faut-il que ce croquis soit léger et participe des qualités qu'aurait une œuvre plus achevée.

M. Julien de la Rochenoire, du Havre, a traduit à l'eau-forte le tableau de *la Mort d'Hippolyte*, qu'il avait exposé l'an dernier. Son travail, haché et tourmenté, rend d'une façon très juste l'effet du tableau. Nous lui reprocherons cependant des noirs trop absolus.

M. Louis Sargent, de la ville d'Eu, est un de nos graveurs sur bois dont le talent est le plus souple. S'il n'a pas su donner un effet très accusé aux *Fleurs et Fruits* dessinés par M. A. de Bar sans grand caractère peut-être, il a su rendre dans *une Matinée*, d'après M. Corot, toute la légèreté et tout le charme de la couleur du maître, habilement traduit sur le bois par le crayon de M. Français.

Lithographie.

La lithographie se meurt, et personne,

parmi les Normands qui la pratiquent encore, ne remplacera Eugène Leroux, qui fut un des derniers artistes qui l'ont soutenue de leur talent. Le *Portrait de M. Cabanel*, par M. G. Bellanger, de Rouen, est assez facilement traité, mais plutôt dur que monté de ton, et *les Portraits inédits d'artistes*, que M. Legrip lithographie pour l'œuvre de M. le marquis de Chennevières, sont des fac similés.

M. Loutrel, peintre aujourd'hui, a commencé par la lithographie, qu'il a quelque raison de délaisser, car il la traite comme on fait d'une chose ennuyeuse. *Les Enfants d'Edouard* sont exécutés assurément d'après la gravure de M. Forster et non d'après l'original de Paul Delaroche, car à distance ils rappellent l'aspect velouté du burin ; mais de près le travail est vide et sans finesse. *Le Portrait de l'évêque de Limoges* confond dans la même tonalité grise la tête et le fond. Décidément M. Loutrel préfère le pinceau au crayon lithographique et montre trop ses préférences.

—

Si nous résumons nos impressions, nous devons nous trouver satisfaits. Plusieurs de nos artistes normands sont placés hors de concours par les récompenses qu'ils ont obtenues, et trois médailles dans la section de peinture sont venues reconnaître les mérites de MM. J. F. Millet et Ribot, ainsi que ceux de Mlle E. Morin. Une dans l'architecture a récompensé les études de M. J. Lisch.

En dehors de ces récompenses d'honneur, les acquisitions de l'Etat feront entrer dans les musées de Paris ou de la province les œuvres des artistes suivants :

Berthélemy. — Le *Vauban* désemparé.

Cabasson. — La Captivité de Saint Louis, œuvre commandée.

Chaplin. — Les Bulles de Savon.

Couveley. — Le Port de Bordeaux.

Lhullier. — Le Départ pour le pâturage.

Saint-Martin. — Une Matinée en Normandie.

Sebron. — La Cartuja de Miraflorès.

La gravure de M. Chaplin lui était commandée, et la Sainte Madeleine de M. Leharivel-Durocher sera placée dans une église de Paris.

Nous avons signalé les mérites des œuvres de MM. Laugée, Ribot, Chaplin, J. Leman, J.-F. Millet, Saint-Martin, Berthelemy, de Mlle E. Morin, du sculpteur Leharivel-Durocher, artistes dont le talent s'affirme de jour en jour davantage. Nous avons salué l'arrivée de M. Lhullier, sans omettre de faire apprécier ceux des artistes depuis longtemps parvenus à la réputation, comme MM. Morel-Fatio et Sebron, qui n'avaient point démérité d'eux-mêmes. L'exposition, ce nous semble, a été bonne pour les artistes normands, nous nous plaisons à le constater.

ROUEN. — IMP. DE D. BRIÈRE ET FILS.

BIBLIOTHEQUE NATIONALE DE FRANCE

www.ingramcontent.com/pod-product-compliance
Lightning Source LLC
LaVergne TN
LVHW010047230826
846091LV00005B/1891

* 9 7 8 2 0 1 2 7 3 1 0 8 0 *